CÉPHALE ET PROCRIS,

BALLET-HÉROIQUE,

REPRÉSENTÉ,

POUR LA PREMIÈRE FOIS,

PAR L'ACADÉMIE-ROYALE DE MUSIQUE,

Le Mardi 2 Mai 1775.

PRIX XXX. SOLS.

AUX DÉPENS DE L'ACADÉMIE.

A PARIS, Chés DELORMEL, Imprimeur de ladite Académie, rue du Foin, à l'Image Sainte Genevieve.

On trouvera des Exemplaires du Poeme à la Salle de l'Opera.

M. DCC. LXXV.

AVEC APPROBATION ET PRIVILEGE DU ROI.

Les paroles sont de M. MARMONTEL, de l'Académie Françoise.

La Musique est de M. GRETRY.

PRÉFACE.

LE plus beau de tous les Spectacles pour les yeux, de l'aveu de l'Europe entiere, eſt celui de l'Opéra François, & il ſera de même, ſi on le veut bien, le plus raviſſant pour l'oreille. Notre Poëme Lyrique, tel que le génie de Quinault l'a conçu, eſt pour la Muſique une ſource de beautés plus féconde que le Poëme Lyrique Italien, parce qu'en même temps qu'il eſt ſuſceptible des mouvements les plus paſſionnés, des tableaux les plus pathétiques, il oppoſe à ces couleurs ſombres, des contraſtes d'une variété & d'une richeſſe inépuiſable ; au lieu que la Tragédie, dénuée du merveilleux, & dans ſon auſtere ſimplicité, ne préſente preſque jamais, qu'un fonds triſte, & peu favorable à ce mélange de couleurs, qui fait le charme de la Muſique.

Pour ſentir combien le ſyſtême du merveilleux peut donner plus d'eſſor & à la mélodie & à l'harmonie, que l'on ſuppoſe l'Auteur d'Armide environné de Muſiciens, tels que Métaſtaſe en a eu ; qu'on le ſuppoſe inſtruit des moyens de leur art pour animer le Dialogue, deſſiner & arrondir le chant, donner à la déclamation plus de chaleur & d'énergie dans le Récit accompagné ; qu'on le ſuppoſe, travaillant de concert avec un *Porpora*, un *Pergoleſe*, un *Galuppi*, un *Jumelli*; c'eſt alors qu'on aura l'idée du plus ſublime accord entre la poéſie de la parole & celle du chant, & des effets prodigieux que cet enſemble doit produire.

Le malheur de l'Opéra François, a été qu'un Poëte doué d'un imagination ſi belle, d'un coloris ſi pur & ſi brillant, d'un ſtyle ſi mélodieux, ſi élégant, ſi naturel, & quand il le falloit, ſi élevé, ſi énergique, toujours au ton de ſon ſujet, & à la hauteur même du merveilleux qu'il a introduit

4

dans ſes fables ; que ce Poëte, dis-je, n'ait pas eu, dans ſon tems, des Muſiciens dignes de lui. Ce n'eſt pas que Lulli ne fut alors ce qu'il pouvoit être avec du génie & du goût ; mais ſon art étoit dans l'enfance, tandis que celui de ſon Poëte avoit acquis toute ſa force & toute ſa maturité.

Ce malheur ne ſera réparé, s'il peut jamais l'être, que lorſqu'il ſe rencontrera un Poëte aſſez déſintéreſſé, aſſez courageux, aſſez habile, pour travailler & réuſſir à rendre les Poëmes de Quinault ſuſceptibles des nouvelles beautés dont la Muſique s'eſt enrichie, ſans leur faire perdre, du côté de la Scêne, les beautés encore plus précieuſes qui les diſtingueront toujours.

En attendant, on fera des eſſais très-inférieurs, ſans doute, à ces chef-d'œuvres ; mais ces eſſais auront le mérite de favoriſer la Muſique, & d'en développer les reſſources & les tréſors. Celui-ci, donné aux fêtes de la Cour en 1773, eſt l'un des premiers où l'on ait entrepris de concilier le merveilleux & le ſpectacle de l'Opéra François, avec la coupe des Airs, des Duo, du Récitatif obligé, & des emſembles à l'Italienne ; & à titre d'eſſai, il obtiendra peut-être l'indulgence que l'on accorde aux nouveautés qui ont pour objet d'étendre la ſphere des arts.

C'eſt du 7ᵉ. Livre des Méthamorphoſes d'Ovide qu'eſt pris le ſujet de ce Poëme. Voici comment Céphale y raconte lui-même ſon aventure.

Deux mois n'étoient pas écoulés depuis mon hymen avec Procris, lorſque du ſommet de l'Himette *, qui eſt toujours couronné de fleurs, l'Aurore ayant diſſipé les ombres, m'apperçut chaſſant dans les bois, & m'enleva. (Qu'il me ſoit permis de dire la vérité, ſans offenſer la Deéſſe.) Quoique

fon teint ait l'éclat des rofes, quoi qu'elle regne fur les confins
de la nuit & du jour, & qu'elle s'abreuve de nectar, j'aimois
Procris ; Procris étoit fans cefse dans mon cœur, & fon nom
fur mes levres. La Déefse eut pitié de moi. » Cefse, me
» dit-elle, ingrat, cefse tes plaintes, va retrouver Procris.
» Mais fi mes prefsentimens ne font pas vains, tu fouhai-
» teras de ne l'avoir jamais revue ; & dans fa colere elle me
» renvoya.....

Je faifois le bonheur de ma femme, elle faifoit le mien.
Uniquement occupés du foin de nous plaire & de nous
aimer, Procris n'eut pas préféré le lit de Jupiter au lit de
fon époux ; Vénus même, avec tous fes charmes, eut-elle
voulu me féduire, j'aurois réfifté à Vénus. Nos cœurs
brûloient des mêmes feux.....

Dés que le foleil éclairoit les montagnes, l'ardeur de
la jeunefse & l'amour de la chafse me faifoient voler dans
les bois..... J'avois pour arme un javelot qui ne partoit
jamais en vain ; mais lorfque j'étois las de le tremper dans
le fang des bêtes fauvages, je cherchois la fraîcheur de
l'ombre, & j'appellois à moi AURA, ce vent léger qui
s'élevoit des humides valons. C'étoit la douce AURA que
j'implorois au milieu de l'ardeur du jour ; elle étoit mon
délafsement, après une courfe pénible ; & dans mes chants,
il m'en fouvient encore, *Viens*, lui difois-je, AURA, *viens
dans mon fein, me foulager, calmer, comme tu fais fi bien,
l'ardeur du feu qui me confume.* Peut-être même ajoutois-je
quelques mots plus doux & plus tendres ; car j'étois entraîné
par mon mauvais deftin. Il m'arrivoit quelquefois de lui
dire : *Tu es pour moi la volupté même ; tu me ranimes, tu m'en-
chantes, tu me fais chérir les bois & leurs ombrage folitaire ; c'eft
ton fouffle délicieux que ma bouche y vient refpirer.*

Quelqu'un entendit ces paroles, & son oreille y fut trompée : il prit le nom d'AURA, tant de fois répété, pour le nom de quelque Nymphe dont j'étois amoureux, & alla le dire à Procris.

L'amour est naturellement crédule. Procris, à ce récit, tomba évanouie ; & lorsqu'elle eut reprit ses sens, elle s'écria, qu'elle étoit la plus malheureuse des femmes..... Cependant elle se flatte encore qu'on a pu la tromper, ou se tromper soi-même : l'indice qu'on lui a donné ne lui suffit pas ; elle veut, par ses yeux, s'assurer de mon crime.

Le lendemain, les rayons de l'Aurore avoient à peine affacé les étoiles ; je sors & je vais dans les bois. Après ma chasse, je reviens me reposer triomphant à l'ombrage ; & couché sur un gason frais, *Viens*, dis-je, AURA, *Viens me délasser, me faire oublier mes travaux.* Alors je ne sai quels gémissemens se mêlerent à mes paroles ; mais je ne laissai pas de répéter, *Viens donc, viens mon aimable* AURA. Dans l'instant même un bruit léger se fit entendre à travers le feuillage ; je crus que c'étoit quelque bête féroce, & je lançai mon javelot. C'étoit Procris, *&c.*

ACTEURS ET ACTRICES
CHANTANTS DANS LES CHŒURS.

CÔTÉ DU ROI.		CÔTÉ DE LA REINE.	
Mesdemoiselles.	*Messieurs.*	*Mesdemoiselles.*	*Messieurs.*
Fontenet.	Cailteau.	le Bourgeois.	Candeille.
d'Hautrive.	Héri.	d'Agée.	Vatelin.
Veron.	Lagier.	des Rosières.	l'Écuyer.
Renard.	Van-Hecke.	de l'Or.	Tourcati.
Garrus.	Martin.	Chenais.	Ghuiot.
Rouxelin.	le Grand.	Denis.	Capoi.
Duval.	Hallmans.	de Merei.	Moreau.
	Boi.	Thaunat.	Tourvel.
Longeau.	Huet.	Duffée.	Méon.
Bellier.	Itaffe.	Conftance.	Beghaim.
Sanctus.	Parant.	de Beaulieu.	Cleret.
de Sivri.	Jouve.		Tacuffet.
S. Aubin.	Patoulet.		Baillon.
			de Lori.
			Fagnan.

ACTEURS CHANTANTS.

Procris,	Mlle. le Vaſſeur.
L'Aurore,	Mad. l'Arrivée.
Cephale,	M. l'Arrivée.
Flore,	Mlle. Mallet.
Palès,	Mlle. Châteauneuf.
La Jalousie,	Mlle. du Plant.
L'Amour,	Mlle. Chateauneuf.
Une Nymphe,	Mlle. Mallet.
Le Soupçon,	M. de la Suze.

Nymphes de Diane,
Les heures du matin,
Zéphirs, Silvains, Driades,
Suite de Palès.
Suite de la Jalousie,
Suite de l'Amour.

PERSONNAGES DANSANTS.

ACTE PREMIER.

NYMPHES DE DIANE.

Mlle. DORIVAL.

Mlle. JULIE.

Mlle. PESLIN.

Mlles. du Parc, Christe.

Mlles. Martin, du Bois, Jonveau, le Hou, Mon-
tauban, du Bauchet, du Mesnil, des Champs,
la Blottière, Lolotte, Verteuil, Belletour,
Bigotini, Mulaire.

*a

ACTE SECOND.

UNE *NYMPHE* A LA SUITE DE *FLORE.*

Mlle. Le Clerc.

HEURES DU MATIN.

Mlles. d'Elfebvre, Perolle, Durville.

ZÉPHIRS.

M^rs. Leger, le Doux, le Breton.

SILVAINS.

M. Gardel, l.

M. d'Auberval.

M^rs. Henri, Huatt, Rivet, Dangui, Hennequin, l.,
du Chaisne, Petit, Balderoni.

DRÏADES.

Mlle. Peslin.

Mlles. Gertrude, Fanfan, de Milli, du Bauchet,
l'Huillier, Lallin, des Champs, Jamart.

SUITE DE PALÈS.

M^rs. Dossion, Caster.

Mlles. Henriette, du Mont.

ACTE TROISIÈME.

PREMIER DIVERTISSEMENT.

SUITE DE LA JALOUSIE.

Mlle. VERNIER.

M^{rs}. Giroux, Barré.

M^{rs}. des Bordes, du Pré, le Roi 2., Laval, la Rue, Fontaine, Duffel, Perolle.

DEUXIÈME DIVERTISSEMENT.

SUITE DE L'AMOUR.

ENDIMION,	M. VESTRIS.
DIANE,	Mlle. GUIMARD.
L'AURORE,	Mlle. JULIE.
HESPER,	M. GARDEL.
L'AMOUR,	Mlle. MICHELOT.

PLAISIRS ET JEUX.

M^{rs}. le Doux, le Breton.
Mlles. d'Elfebvre, du Bois.

M^{rs}. Doffion , Cafter , Guillet , Giguet , Barré , l'Argilliere , le Bel , Aubri , Hennequin , l., Simonet , Petit , du Chaifne.

Mlles. Martin , Jonveau , Lallin , l'Huillier , Gertrude , Fanfan , du Mefnil , du Mont , du Parc , Bigotini , Baudouin , de Milli.

CÉPHALE
ET
PROCRIS.

❧❧❧❧❧❧❧❧❧❧❧❧❧❧❧❧❧;❧❧❧❧❧:❧❧❧❧❧❧❧❧❧❧❧❧❧❧

ACTE PREMIER.

Le Théâtre repréfente une forêt.

SCÈNE PREMIÈRE.

L'AURORE *feule, déguifée en Nymphe des bois.*

C'EST ici que le beau Céphale
Se repofe au milieu du jour.
J'ai quitté, pour le voir, la rive orientale ;
Et pour lui je defcends du célefte féjour.

B

Écho de ce bois solitaire,
Soyez favorable au mystere ;
Gardez les secrèts de l'amour.

(*Les buissons fleurissent & les oiseaux chantent.*)

Mais, par un charme involontaire,
Ma présence embellit tous les lieux d'alentour.

A I R.

Naissantes fleurs, cessez d'éclore.
Oiseaux indiscrèts, taisez-vous.
Vous révélez aux dieux jaloux
L'asyle où se cache l'Aurore.

Mais à ma voix loin d'obéir,
Tout s'empresse à me rendre hommage.
Ces fleurs, ces parfums, ce ramage,
Tout semble vouloir me trahir.

Naissantes fleurs, cessez d'éclore.
Oiseaux indiscrèts, taisez-vous.
Pour charmer l'amant que j'adore,
Gardez vos accents les plus doux.

J'entends du bruit. Mon cœur palpite.
C'est lui. Je tremble. Amour! quel est donc ton pouvoir?
Dans le trouble où je suis, il faut que je l'évite.
Goûtons en liberté le plaisir de le voir.

(Elle se cache.)

SCÈNE II.

CÉPHALE, seul.

AIR.

DE mes beaux jours que le partage est doux !
Puissent les dieux n'en être point jaloux.

Le plaisir m'appelle à la chasse ;
Le bonheur m'attend au retour.
Loin de se nuire tour-à-tour,
L'amour me donne plus d'audace,
Et la chasse encor plus d'amour.

Brillante Aurore, tu me vois
Franchir les monts, courir les bois ;
Et quand le jour brûle la plaine,
Que l'ombrage a pour moi d'attraits !
Le plus doux des vents, le plus frais,
AURA, sous ce feuillage épais,
Vient me flatter de son haleine.

Mais plus heureux, quand vient le soir,
Oui, cent fois plus heureux encore,
Quand vient le soir,
Je vais revoir
Ce que j'adore.

De mes beaux jours que le partage est doux !
Puissent les dieux n'en être point jaloux.

SCÈNE III.

L'AURORE, CÉPHALE.

L'AURORE.

JEune chasseur, au fond des bois,
N'avez-vous pas vu mes compagnes ?

CÉPHALE.

Non , depuis que l'Aurore a doré les montagnes,
Je chasse, & je n'entends ni le cor, ni la voix.
Mais une Nymphe si belle,
Dans les bois s'expose-t-elle,
Sans javelot, ni carquois ?

L'AURORE.

Hélas ! si vous êtes sensible,
Mon malheur va vous affliger.

CÉPHALE.

Parlez. De l'adoucir que ne m'est-il possible !

L'AURORE.

Un Dieu , qui me poursuit, me fait tout négliger.

CÉPHALE.

Un Dieu ?

L'AURORE.

Le plus puissant, & le seul invincible.

CÉPHALE.

Jupiter ?

L'AURORE.

Jupiter obéit à ses loix.

CÉPHALE.

Ah ! c'est l'Amour.

L'AURORE.

Jugez du trouble où je me vois.

AIR.

Mon cœur, blessé d'un trait de flâme,
Résiste & combat vainement.
Rien n'est si beau que mon amant ;
Rien n'est si tendre que mon âme.
Fait pour l'amour, jeune & charmant,
Rien n'est si beau que mon amant.
Je veux le fuir, & je le doi ;
Mais dans ma chaîne
Tout me ramène,
Malgré moi.

La violence
D'un long silence
A, pour mon cœur,
Trop de rigueur.
Absente,
Présente,
Je brûle & languis.
Ma gloire s'alarme;
L'amour la désarme;
Et je lui dis :

Mon cœur blessé, &c.

CÉPHALE.

Vous allez donc quitter Diane ?

L'AURORE.

Et le puis-je, sans l'offenser ?
L'exemple de Procris me défend d'y penser.

CÉPHALE.

De Procris !

L'AURORE.

La Déèsse à périr la condamne.

CÉPHALE.

Que dites-vous ?

L'AURORE.

T'elle est son inflexible loi ;

Et l'amant de Procris lui-même,
Doit, en immolant ce qu'il aime,
Venger la Déèsse.

CÉPHALE.

Qui ? moi !

L'AURORE.

Vous, Céphale ? Ah ! fuyez un destin si funeste.

CÉPHALE.

C'est envain qu'il m'est annoncé.
Non, non, tous les dieux, que j'atteste,
L'auroient vainement prononcé.

AIR,

Moi ! punir celle que j'adore !
La punir de m'avoir aimé !
Ah ! d'un amour que j'allumai,
Si Diane s'irrite encore,
A sa colere, que j'implore,
Je livre ce cœur enflâmé.
Moi ! punir celle que j'adore,
La punir de m'avoir aimé !

DUO.

Venge-toi, Déesse implacable.

Je t'offenſai : je ſuis coupable.
Sans mon amour, hélas ! ſans moi,
Procris t'auroit gardé ſa foi.
Oui, que ta vengeance m'accable ;
Mais qu'elle n'accable que moi.

L'AURORE, en Duo avec lui.

Non, non, tu n'ès pas le coupable.
Arrête, Déeſſe implacable !
Cruel, tu me glaces d'effroi.

Du bruit du cor j'entends réſonner les montagnes.
C'eſt dans ce lieu que mes compagnes
Viennent chercher l'ombre & le frais.
On dit qu'une Nymphe nouvelle
Y doit, à la chaſte immortelle,
Venir conſacrer ſes attraits.
Éloigne Procris ; avec elle,
Crains de t'expôſer à leurs traits.

CÉPHALE.

Je n'ai donc plus d'eſpoir ? Je n'ai donc plus d'aſyle ?

L'AURORE.

Il en eſt un pour toi.

CÉPHALE.

Parlez.

L'AURORE.

Vers l'orient,

Sur

Sur le côteau le plus riant,
L'Aurore a son palais tranquille.
Du Dieu du jour Diane est la brillante sœur ;
Du Dieu du jour l'Aurore a reçu la naissance ;
Peut-il lui refuser d'être le défenseur
De l'amour & de l'innocence ?

CÉPHALE.

Au palais de l'Aurore un mortel introduit !

L'AURORE.

Où ne pénetre pas le dieu qui te conduit ?

AIR.

Va, crois-moi, va, sans plus attendre,
Elle est favorable aux amours.
Je sais combien son cœur est tendre ;
Et je te promèts son secours.

(Elle sort.)

SCÈNE IV.

CÉPHALE, PROCRIS.

PROCRIS.

(à part.)

JE l'ai vue. O dieux ! quelle est belle !
Hé bien, Céphale, he bien, de ton ardeur nouvelle,
Est-ce à tort que je m'alarmois ?

CÉPHALE.

Cèsse de m'accabler d'un injuste reproche.
Je t'aime, hélas, plus que jamais.

PROCRIS.

Volage époux, si tu m'aimois,
Te verrois-je interdit, tremblant à mon approche ?

CÉPHALE.

O ma chere Procris ! en violant tes vœux,
Qu'as-tu fait ?

PROCRIS.

Mon bonheur.

CÉPHALE.

Le malheur de tous deux.

PROCRIS.

Ah ! j’ai donc cessé de te plaire.

CÉPHALE.

Éloigne toi. Crains la colère
Qu’à Diane inspirent nos feux.

PROCRIS.

Ne m’abandonne pas ; je crains peu tout le reste.
J’ai sauvé mon amant d’un désespoir funeste :
Mon cœur s’en applaudit, loin de se démentir.
Toute la puissance céleste
Ne m’en feroit pas repentir.

CÉPHALE.

Hélas ! si tu savois !

PROCRIS.

Je sais que je t’adore ;
Et la foudre en éclats seroit prête à partir,
D’avoir tout fait pour toi je ferois gloire encore.

CÉPHALE.

Et c’est moi !.. Non jamais, ni mon cœur ni ma main...
Que dis-je ? & du sort inhumain
Quel mortel a jamais évité la poursuite ?
Ma seule esperance est la fuite :

Adieu.

PROCRIS.

Cruel !

(*Elle veut l'embrasser*).

CÉPHALE, *avec effroi & en la repoussant.*

Arrête ! arrête ! éloigne toi.

PROCRIS.

Tu frémis dans mes bras ! je te glace d'effroi !

CÉPHALE.

Tremble toi-même.

PROCRIS.

O ciel !

CÉPHALE.

Un crime inconcevable
Dont jamais, non, jamais je ne ferai coupable,
M'eft prédit par les Dieux.

PROCRIS.

Acheve.

CÉPHALE.

Ton époux
Doit de fa main venger Diane.

PROCRIS.

Toi!

CÉPHALE.

La cruelle m'y condamne :
Tu dois expirer sous mes coups.
Laisse-moi du sort qui m'accable
Éprouver seul toute l'horreur ;
Et redoute une main que Diane en fureur
A juré de rendre coupable.

DUO.

PROCRIS.

Donne-la moi, dans nos adieux,
Cette main, que je ne puis craindre.

CÉPHALE.

A l'immoler, c'est vous, grands Dieux,
C'est vous qui voulez me contraindre !

PROCRIS.

Ah ! de la lumière des cieux
Qu'une autre main prive mes yeux ;
J'y consens, & meurs sans me plaindre.

CÉPHALE.

Ah ! de la lumière des cieux

Qu'un même inftant prive nos yeux ;
J'y confens, & meurs fans me p'aindre.

ENSEMBLE.

D'un nœud fi beau, d'un fort fi doux
Les Dieux devoient être jaloux.

ALTERNATIVEMENT.

Ils n'aiment pas comme je t'aime.
Non , Céphale ,
                         } dans le ciel même,
Non, non, Procris,
On n'eft pas heureux comme nous.
Par quel fupplice ils l'empoifonnent
Ce bonheur, fi pur, fi parfait !
En nous aimant , qu'avons-nous fait,
Que fuivre un penchant qu'ils nous donnent ?

ENSEMBLE.

O Sort ! n'as-tu pas
Affez de victimes,
D'écueils & d'abîmes
Tu femes nos pas.
Content de nos pleurs,
Quand tu nous opprimes,
Laîffe-nous fans crimes
Subir nos malheurs.

(Ils fe féparent).

SCÈNE V.

LES NYMPHES DE DIANE.

LE CHŒUR, avec la danse.

RAffemblons-nous fous ce feuillage;
Laiffons pâffer l'ardeur du jour.
  Le beau féjour !
  Le bel ombrage!
  Eft-ce l'afyle de l'amour?
Non, non : le trouble fuit l'Amour ;
L'Amour fe plaît dans le ravage ;
La paix habite ce féjour.

*(Une jeune NYMPHE eft reçue parmi celles de
DIANE , & l'une d'elles , jouant le rôle de
L'AMOUR, lui apprend à fe défendre des artifices
de ce Dieu).*

UNE NYMPHE, feule.

  Fière indiférence,
Sois l'appui de l'innocence.
  Fière indiférence,
  Défends nos cœurs.
  L'Amour envain foûpire ;
  Réfifte à fon empire.

A ſes attraits vainqueurs
Oppôſe tes rigueurs.
Romps ſes traits , romps ſes nœuds,
Éteins ſes feux.
Sourire & larmes ,
Tout, dans ſes charmes,
Eſt dangereux.

Fière indiférence , &c.

(*Le Ballet termine l'Aĉte*).

FIN DU PREMIER ACTE.

ACTE SECOND.

(*Le théâtre est d'abord rempli de nuages légers, qui se dissipent, & laissent voir l'Aurore dans son palais, environnée de sa cour, & couchée sur un lit de roses*).

SCÉNE PREMIÈRE.

L'AURORE *endormie*, FLORE, PALÈS, *& la cour de l'Aurore*.

FLORE, PALÈS & LE CHŒUR.

Éveillez-vous, charmante Aurore,
Montez sur le trône des airs :
Déjà la surface des mers
Blanchit, s'éclaire & se colore.
Éveillez-vous, &c.

D

L'AURORE, en s'éveillant.

Céphale!.. Il ne vient point encore.

FLORE & PALÈS.

Bientôt le jour est près d'éclore.

LE CHŒUR.

Fille du jour, charmante Aurore,
Hâtez-vous d'éclairer les airs.

(*L'AURORE se lève, & s'avance sur le vestibule
de son Palais*).

FLORE.

Vous soûpirez. Quelle tristesse
Obscurcit l'éclat de vos traits ?
Vos yeux sont errants & distraits.

PALÈS.

Est-ce avec nous, belle Déesse,
Que vous dissimulez vos déplaisirs secrèts ?

L'AURORE.

Vous savez, pour Tithon, quelle fut ma tendresse.

FLORE.

La douce langueur qui vous prèsse,
Annonce des désirs, & non pas des regrèts.

L'AURORE.

Hé bien, d'une ardeur sans égale,
Il est vrai, mon cœur est épris.

FLORE.

Vous aimez?

L'AURORE.

J'adore Céphale ;
Et Céphale adore Procris.

AIR.

Que je suis à plaindre !
Hélas ! j'ai beau feindre :
Les hommes, les dieux,
Tout lit dans mes yeux.
Je baigne de larmes
Mon char radieux ;
Et de mes alarmes
Je remplis les cieux.
Plaisirs, vous naissez,
Et me délaissez,
Moi, qui vous fais naître !
Je fais les beaux jours ;
Et sans les connoître,
Je languis toûjours.

FLORE.

Quoi ! l'Aurore, en aimant, n'est pas sûre de plaire !
Je n'ai pas vos attraits ; Zéphire est sous mes loix.

L'AURORE.

Zéphire étoit léger ; son cœur a fait un choix.
Céphale, heureux amant, n'a plus de choix à faire.
Ah ! que n'est-il volage ! & que ne puis-je avoir,
    Ou moins d'amour, ou plus d'espoir !
J'ai laissé dans son cœur les plus vives alarmes ;
Lui-même il doit venir implorer mon appui.
Embellissez ma cour ; ajoutez à mes charmes ;
Et qu'ici, par vos soins, tout soit digne de lui.

T R I O.

L'AURORE, FLORE & PALÈS.

Dieux du printems, Dieux des bergers,
  Jeunes Silvains, Faunes légers,
    Belles Nayades,
   Jeunes Driades,
Quittez les bois & les vergers.

FLORE & PALÈS.

Enfants de la saison nouvelle,
   Plaisirs naissants,
   Zéphirs caressants,
Venez ; l'Aurore vous appelle.
Dieux du printems, Dieux des bergers,
Suivez la cour de l'immortelle ;
Vous n'y serez pas étrangers.

S C È N E I I.

L'AURORE, FLORE, PALÈS,

DIVINITÉS *formant la Cour de* PALÈS *&* de FLORE.

LE *CHŒUR.*

Volons en foule au-devant d'elle ;
Quittons nos bois & nos vergers.
Suivons la cour de l'immortelle ;
Nous n'y ferons pas étrangers.

L'AURORE.

Vous qui d'un vol léger, vous qui d'un front ferein,
Devancez le char de l'Aurore,
Heures brillantes du matin,
Tracez à l'amant qu'elle adore
Le cours du plus heureux deftin.

(*Les Heures fe mêlent avec les Dieux, fuivants de* FLORE *&* de PALÈS. *A l'arrivée de* CÉPHALE, *l'*AURORE *fe retire, avec toute fa Cour, dans l'intérieur de fon palais, dont les portes fe ferment.* FLORE *feule refte fur le veftibule.*)

SCÈNE III.

CÉPHALE, FLORE.

FLORE.

Mortel, qui vous amene en ce brillant séjour ?

CÉPHALE.

J'y viens offrir des vœux à la fille du jour.
Je la vois en vous.

FLORE.

Moi, l'Aurore !
En me flattant vous l'offensez.

CÉPHALE.

Si ce n'est pas elle, c'est Flore.

FLORE.

Ah ! si vous balancez,
Vous me flattez encore.
Et quels traits par les siens ne sont pas effacés ?

CÉPHALE.

Vous qu'elle aime, à mes vœux rendez la favorable.

FLORE.

Si vous demandez un appui,

Il est un mortel adorable,
Qui fera plus, lui seul, que tous les Dieux, sans lui.

CÉPHALE.

Et quel est ce mortel ?

FLORE.

Ce n'est plus un mystère :
L'Amour s'en est vanté dans l'Olimpe, à Cythère.
L'Aurore est sous ses loix ; elle a donné son cœur ;
Et, pour le couronner, elle attend son vainqueur.

CÉPHALE.

Il doit venir ?

FLORE.

C'est lui que les Plaisirs demandent,
Lui que l'Amour, la Gloire & le Bonheur attendent ;
C'est pour lui que dans ces beaux lieux,
S'annonce une fête nouvelle ;
Et celle qui charme les Dieux,
Craint de n'être pas assez belle,
Et n'ôse paroître à ses yeux.

CÉPHALE.

Ah ! s'il étoit sensible à ma douleur mortelle !..
Oui, je veux l'attendre & le voir.

FLORE.

Adieu. Dites-lui qu'auprès d'elle
L'Amour lui remet son pouvoir.

SCÊNE IV.

CÉPHALE, *seul.*

A I R.

Parois, mortel amoureux.
Hélas ! seroit-il possible
Qu'il ne fût pas généreux ?
L'Amour l'aura fait sensible ,
Avant de le rendre heureux.

Parois , mortel amoureux :
L'Amour t'aura fait sensible ,
Avant de te rendre heureux.

Aux délices de ta cour ,
Belle Aurore , tout conspire.
O Dieux ! quel est votre empire ,
Quand vous régnez par l'Amour !

Parois, mortel, *&c.*

SCÊNE V.

SCÊNE V.

CÉPHALE, PALÈS, *la cour de L'Aurore.*

(*La cour de L'Aurore environne Céphale, & s'empresse à lui plaire.*)

LE CHŒUR.

Rival des dieux,
Rival digne d'envie,
Vois couler dans ces lieux
Tes jours délicieux ;
Goûte à longs traits tous les biens de la vie,
Et des plaisirs inconnus dans les cieux.

(*On danse.*)

CÉPHALE, *au milieu du Ballet.*

Est-ce une erreur ? Je crois à-peine
Ce que j'entends, ce que je voi.
Non, dieux charmants, ce n'est pas moi
Que sous vos loix l'Amour amene.

(*On danse.*)

PALÈS.

Tu vois le séjour
D'une immortelle,

E

Dont l'Amour
Suit la Cour.
Le plaisir s'éveille avec elle.
Avec moins d'éclat, elle est plus belle
Que le jour,
Oui, plus belle qu'un beau jour.
Trop heureux l'amant fidele,
Qui vivra pour elle !
Trop heureux, s'il obtient d'elle,
Qu'elle s'engage à son tour !

Tu vois le séjour, &c.

(On danse.)

SCÊNE VI.

*(Le palais s'ouvre, L'Aurore y paroît sur son
trône, environnée de sa Cour.)*

CÉPHALE , L'AURORE , FLORE , PALÉS ,
la Cour de L'Aurore.

CÉPHALE.

DÉèsse des beaux jours,
Vous que la terre adore,

Et qu'elle croit toûjours
Revoir plus belle encore ;
C'eſt à vous, tendre Aurore,
Que Céphale a recours.
Je viens, au nom d'un Dieu
Qui vous ſuit en tout lieu,
Vous prier de m'entendre.
Des mortels amoureux,
Vous voyez le plus tendre,
Et le plus malheureux.
C'eſt par vous, tendre Aurore,
Que Céphale oſe encore
Eſpérer d'être heureux :
Rendez-vous à ſes vœux.

L'AURORE, à ſa ſuite.

Aux barrières du jour, Heures, allez m'attendre.

(*La cour de* L'AURORE *ſe retire, & la laiſſe ſeule
avec* CÉPHALE.)

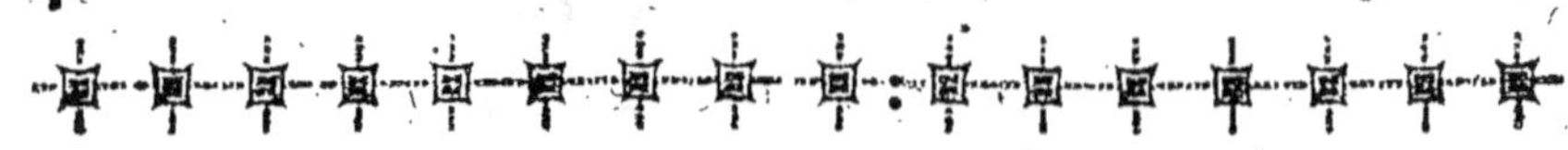

SCÊNE VII.

L'AURORE, CÉPHALE.

(L'Aurore vient au devant de Céphale).

CÉPHALE, *à part.*

Qu'entends-je ? A ſes traits, à ſa voix...

L'AURORE.

Oui, Céphale, tu la revois:
C'eſt elle-même.

CÉPHALE.

Vous, Déèſſe ! eſt-il poſſible ?

L'AURORE.

Pour fléchir les Dieux ennemis,
L'Aurore, à tes malheurs ſenſible,
Fera plus qu'elle n'a promis.

AIR.

Ne vois-tu pas ce qui m'engage
A plaindre & ſoulager tes maux ?
J'ai pour confidents ces oiſeaux ;
Céphale, écoute leur ramage.

Dès que je parois dans les cieux,
Toute la Nature à tes yeux
Doit parler le même langage.

CÉPHALE.

Un mortel !

L'AURORE.

Un mortel, jeune, aimable & senfible,
Se fait adorer en tout lieu.
Aux charmes de Tithon rien ne fut impoffible ;
Et Tithon n'étoit pas un Dieu.
Mais les Dieux, tu le fais, font jaloux de leur gloire :
Il faut brifer des nœuds que Diane a profcrits ;
Il faut, pour l'appaifer, ne plus revoir Procris.

CÉPHALE.

Ne plus la voir !

L'AURORE.

C'eft la victoire
Dont je te réferve le prix.
Vois ce palais brillant : il fera ton afyle.

CÉPHALE.

Ah ! belle Aurore, ce féjour
Doit être riant & tranquille.

L'AURORE.

Le feroit-il fans toi ?

CÉPHALE.

D'une plainte inutile
Je le remplirois nuit & jour.

L'AURORE.

Tu veux me fuir !

CÉPHALE.

Je veux, ou revoir ce que j'aime,
Ou dans le fond des bois, aller, feul à moi-même,
Mourir de douleur & d'amour.

L'AURORE.

DUO.

Si tu revois ta complice,
Penfe au danger que tu cours.

CÉPHALE.

Vivre loin d'elle eft un fupplice :
La mort fera mon recours.

L'AURORE.

Diane eft inexorable.

CÉPHALE.

Le juste Ciel, qui m'entend,
Me sera plus favorable.

L'AURORE.

Diane est inexorable,
Et ton malheur est constant.
Dans le sein de ton amante...

CÉPHALE.

Je frémis. N'achevez pas.

L'AURORE.

Dans le sein de ton amante....

CÉPHALE.

Arrêtez ! N'ajoûtez pas
A l'horreur qui me tourmente.

L'AURORE.

Dans le sein de ton amante
Tu vas porter le trépas.

CÉPHALE.

Dans le sein de mon amante,
Qui, moi ! porter le trépas !

L' AURORE.

Il en eſt tems encore ;
Ah ! préviens tes malheurs.

CÉPHALE.

Rendez-moi, belle Aurore,
A l'objet de mes pleurs.

L' AURORE.

Par les mains de l'Aurore,
Laiſſe filer tes jours.

CÉPHALE.

L'ennui qui me dévore,
Me pourſuivroit toûjours.

L' AURORE.

Tu cours au bord d'un abîme.

CÉPHALE.

Ah ! c'eſt le crime du ſort.

L' AURORE.

Si Procris meurt, c'eſt ton crime.

CÉPHALE.

CÉPHALE.

La trahir feroit mon crime ;
Mais fi le Ciel veut fa mort,
Eft-ce à moi qu'en eft le crime ?
Non, c'eft le crime du Sort.

*(Le char de L'Aurore s'avance ; & les Heûres
viennent avertir la Déëffe qu'il eft tems d'annoncer le jour.)*

L'AURORE.

L'heure fatale me prèffe
D'aller annoncer le jour.
Vois mes pleurs, vois ma tendreffe
Ne quitte pas ce féjour.

CÉPHALE.

Si mon fort vous intereffe,
En faveur de ma tendreffe
Implorez le Dieu du jour.

SCÈNE VIII.

L'AURORE, CÉPHALE, FLORE & PALÈS.

LES HEURES *au fond du Théâtre.*

QUATUOR.

L'AURORE.

IL me fuit ; rien ne l'étonne.

FLORE & PALÈS.

Ah, Céphale !

L'AURORE.

Il m'abandonne ;
Il veut courir au trépas.

FLORE & PALÈS.

Tu veux courir au trépas !

CÉPHALE.

A mon sort je m'abandonne ;
C'est l'Amour qui me l'ordonne.

L'AURORE.

Ah ! consens qu'il te couronne,
Qu'il t'enchaîne dans ses bras.

C É P H A L E.

Procris aux pleurs s'abandonne ;
Je veux voler dans ses bras.

F L O R E & P A L È S.

Cede aux Plaisirs pleins d'appas,
Dont la foule t'environne.

C É P H A L E.

Procris aux pleurs s'abandonne ;
Je veux voler dans ses bras.

F L O R E & P A L È S.

Le cruel vous abandonne ;
Il veut courir au trépas !

L' A U R O R E.

Le cruel ! il m'abandonne ;
Il veut courir au trépas.
Dans le sein de ton amante...

C É P H A L E.

Je frémis. N'achevez pas.

F L O R E & P A L È S.

De son sang ta main fumante.

C É P H A L E.

Arrêtez ! N'ajoûtes pas
A l'horreur qui me tourmente.

L'*AURORE*, *FLORE*, *PALÈS*.

Dans le sein de ton amante,
Tu vas porter le trépas.

CÉPHALE.

Dans le sein de mon amante,
Qui, moi ! porter le trépas !

FLORE & PALÈS.

Le cruel vous abandonne ;
Il veut courir au trépas.

L'AURORE.

Le cruel ! il m'abandonne.

FLORE & PALÈS.

Le cruel vous abandonne.

CÉPHALE.

Laissez-moi. Rien ne m'étonne.
Rien n'arrête ici mes pas.

(L'*AURORE* monte sur son char, & accompagnée
des Heures du matin, que portent de legers nuages, elle s'éleve dans les airs.)

FIN DU SECOND ACTE.

ACTE TROISIÉME.

Le Théâtre repréfente un lieu aride, âpre & defert, au milieu d'un bois.

SCÉNE PREMIÉRE.

LA JALOUSIE & fa fuite.
LA JALOUSIE.

RÉCITATIF obligé

Fille cruelle de l'Amour,
Je haïs le dieu qui m'a fait naître.
L'infenfé m'a donné le jour,
Et ne veut pas me reconnoître;
Je le méconnois à mon tour.
Noir Soupçon, que ce dieu condamne,
Des cœurs jaloux, trifte vautour,
Vengeons la gloire de Diane:
Diane détefte l'Amour.

LE *SOUPÇON* & LE *CHŒUR.*

Vengeons la gloire de Diane :
Diane déteste l'Amour.

LA JALOUSIE.

De ses autels & de sa cour,
Il est chassé comme un profane.

LE *CHŒUR.*

Vengeons la gloire de Diane :
Diane déteste l'Amour.

LA JALOUSIE.

Fille cruelle de l'Amour...

LE *CHŒUR.*

Malheur au Dieu qui t'a fait naître.

LA JALOUSIE.

L'insensé, &c.

LE *CHŒUR.*

Vengeons, &c.

(*On danse.*)

LA JALOUSIE.

Plein de douleur & d'épouvante,
Céphale est errant dans ces bois.

Procris y viendra gémiſſante ;
Déguiſons mes traits & ma voix.

*(Au milieu du Ballet, la JALOUSIE paroît tout-à-
coup transformée en Nymphe, ſous le même déguiſement que l'AURORE, dans le premier acte. La
troupe infernale prévoit l'effet de ce déguiſement
& s'en réjouit. La JALOUSIE & ſa ſuite ſe retirent
à l'arrivée de PROCRIS.)*

SCÈNE II.
PROCRIS, *ſeule.*
A I R.

Témoin de ma naiſſante flâme,
De l'Amour, aſyle charmant,
Temple, où je reçus le ſerment
Qui combloit les vœux de mon âme,
Rendez, rendez-moi mon amant.
Sans lui, dans mon inquiétude,
Je ne puis plus vivre un moment.
D'une éternelle ſolitude,
Aurois-je à ſubir le tourment ?

Témoin de ma naiſſante flâme,
De l'Amour, aſyle charmant,

Temple , où je reçus le ferment
Qui combloit les vœux de mon âme,
Rendez, rendez-moi mon amant.

Il m'abandonne à ma douleur mortelle.
La nuit vient ; je l'attends. Le jour luit ; je l'appelle.
Je l'appelle ; il ne m'entends pas.

LA JALOUSIE, fans paroître.

Ah, Céphale! amant infidele !
Tu me fuis : tu veux mon trépas.

PROCRIS.

Céphale ! c'eft lui qu'on appelle!

LA JALOUSIE.

Ah, Céphale ! amant infidele !
Tu me fuis : tu veux mon trépas.

SCÊNE

SCÈNE III.

PROCRIS, LA JALOUSIE.

PROCRIS.

Nimphe, quelle douleur vous presse ?
Vous appellez Céphale, & vous versez des pleurs !

LA JALOUSIE.

Laissez-moi me cacher. Ma crédule tendresse
Cause ma honte & mes malheurs.

AIR.

Ah ! j'ai bien mérité l'injure
Que je reçois de ses mépris.
De la belle & tendre Procris,
J'ai couronné l'amant parjure.
Ah ! j'ai bien mérité l'injure
Que je reçois de ses mépris.

PROCRIS, *à part.*

DUO.

Ah ! je succombe, j'expire.
Quelle gêne ! quel martyre !
Amant trompeur !

G

LA JALOUSIE, à part.

Elle fuccombe , elle expire.
Je lui déchire le cœur.

Suite de l'Air.

C'eft ici , fous ce même ombrage ,
Qu'il foûpiroit à mes genoux.
AURA, difoit-il, *c'eft à vous*
Que les oifeaux , dans leur ramage ,
Adreffent des accens fi doux.

PROCRIS, à part.

AURA! c'eft le nom qu'il repete :
C'eft de ce nom fatal que j'étois inquiéte.

LA JALOUSIE.

AURA , n'ayons , loin des jaloux ,
Pour témoins du nœud qui m'engage ,
Que ces oifeaux , l'Amour & nous.

PROCRIS, à part.

Ah ! je fuccombe , j'expire.
Quelle gêne ! quel martyre !
Amant trompeur !

LA JALOUSIE, à part.

Elle fuccombe , elle expire.
Je lui déchire le cœur.

PROCRIS.

Et savez-vous qu'elle est sa nouvelle conquête ?

LA JALOUSIE.

Au palais de l'Aurore, hier il se rendit ;
Et de leur amour, m'a-t-on dit,
Tous les dieux du printems ont célébré la fête.
Le volage en quittant ces lieux,
Voulut d'un promt retour me donner l'assurance ;
Mais, trop certaine, hélas ! de son indiférence,
Je m'enfuis, sans daigner recevoir ses adieux.

PROCRIS, à part.

J'en fus témoin.

LA JALOUSIE.

Je crois l'entendre.
Est-ce bien lui ? Vient-il insulter à mes pleurs ?
Ne m'abandonnez pas ; daignez ici m'attendre,
O vous, qu'un intérêt si tendre,
Semble attacher à mes malheurs.

(*Elle l'embrasse, & se retire.*)

SCÈNE IV.

PROCRIS, seule.

RÉCITATIF OBLIGÉ.

PLus d'erreur : plus defpoir qui confole mon âme.
Céphale eſt une perfide , & je n'en puis douter.
Mon cœur me l'avoit dit ; je n'ôſois l'écouter.
Comme il s'eſt joué de ma flâme !
Quels adieux ! quel déguiſement !
Il fuppôſe à Diane un noir reſſentiment ;
Il frémit dans mes bras du danger qui me prèſſe ;
Il verſe dans mon ſein des larmes de tendreſſe.
De tendreſſe !… o Dieux ! qu'aiſément
On en croit les pleurs d'un amant !
Oui , cruel , oui , c'eſt toi qui venges la Déèſſe :
Ton parjure eſt mon châtiment.

A I R.

Ah ! dans les bras de ma rivale ,
Lorſque ſon cœur preſſoit mon ſein…
Jamais douleur ne fut égale.
C'eſt comme un fer aſſaſſin
Q'elle a plongé dans mon ſein.

SCÈNE V,

LA JALOUSIE, PROCRIS.

LA JALOUSIE.

C'Eſt lui-même. Venez: nous allons le ſurprendre.
   Laiſſons éclater ſon ardeur.
Ce bois nous favoriſe ; & vous allez apprendre
   A connoître un perfide cœur.

(à part.)

   Diane! au courroux qui t'anime,
   Elle ne peut plus échapper.
   J'expôſe à tes coups la victime ;
   Arme la main qui doit frapper.

SCÈNE VI.

CÉPHALE, *seul.*

N'Ai-je pas entendu sa voix ?
Je suis troublé jusqu'au délire.
Viens, AURA, viens, que je respire.
Tu m'as ranimé tant de fois !
Viens. Qu'un doux repos me soulage.
Mais, qui fait trembler ce feuillage ?
Et qu'ai-je entendu dans ces bois ?

A I R.

Tout m'épouvante, tout m'allarme ;
Contre moi tout s'arme à la fois.
Repos, si tranquille autrefois,
Non, tu n'as plus pour moi de charme.
Tout m'épouvente, tout m'allarme ;
Contre moi tout s'arme à la fois.

Malheur aux habitans des bois :
J'exercerai sur eux ma rage.
Il me reste encor mon courage,
Mes javelots & mon carquois.

Où fuir, hélas ? Sur quel rivage ?
Et dans quel antre assez sauvage ?

(*Il tombe dans l'égarement.*)

Monſtres affreux, éloignez-vous :
Vous allez tomber ſous mes coups.

(*Il lance ſon javelot.*)

Ah, Céphale !

PROCRIS, avant de paroître.

Ah, Céphale ! je meurs.

CÉPHALE.

C'eſt Procris.

SCÈNE VII.

LES DÉMONS , CÉPHALE, PROCRIS,

LES DÉMONS l'environnant.

Ah, barbare !

CÉPHALE.

O Dieux ! l'enfer de moi s'empare.
Ah ! laissez-moi. Dieux ! quels tourments !
Le sort qui m'opprime,
Fait seul tout mon crime :
Ne séparez pas deux amants.

LES DÉMONS.

Ah, barbare !

CÉPHALE.

O Dieux ! l'enfer de moi s'empare.
Démons cruels, inhumains, furieux,
Quoi ! votre rage nous sépare !

LES DÉMONS.

Amant perfide, époux barbare !
Allons, suis-nous dans le tartare,
Époux barbare !

CEPHALE.

CÉPHALE.

Procris ! elle expire à mes yeux.

LES *DÉMONS.*

C'est ton forfait.

CÉPHALE.

Les dieux l'ont fait.

LES *DEMONS.*

C'est ta fureur.

CÉPHALE.

C'est mon erreur.

LES *DÉMONS.*

Viens, perfide amant,
Viens dans la tartare :
Viens, on t'y prépare
Un plus cruel tourment.
Amant perfide, époux barbare !

CÉPHALE.

Qui ? moi, perfide ! moi, barbare !
Non, non, n'accusez que les dieux.

H

LES DÉMONS, lui montrant PROCRIS *expi-
rante dans les bras des furies.*

Regarde, voilà ton ouvrage.

CÉPHALE.

Procris ! voilà donc mon ouvrage !

(*Il veut l'embraſſer ; les Démons l'arrêtent*).

Laiſſez-moi, cruels ! quelle rage ?
Procris ! elle expire à mes yeux !

O vengeance implacable !
Et c'eſt moi qu'elle accable !
Ah ! pour un vrai coupable,
Que feriez-vous, grands Dieux ?

LES DÉMONS.

Subis, amant coupable,
Le malheur qui t'accable.
C'eſt un arrêt des Dieux.

CÉPHALE.

L'enfer m'environne ;
Le ciel m'abandonne.
Affreux déſeſpoir !

LES DÉMONS.

L'enfer t'environne ;
Le ciel t'abandonne.
Pour toi plus d'espoir.

CÉPHALE

Ah, Procris !

PROCRIS, *expirante.*

Ah, Céphale !

CÉPHALE.

O vengeance implacable !

LES DÉMONS.

Subis, amant coupable,
La vengeance des Dieux.

CÉPHALE.

L'enfer m'environne ;
Le ciel m'abandonne.
Affreux désespoir !

LES DÉMONS.

L'enfer t'environne ;
Le ciel t'abandonne.
Pour toi plus d'espoir.

CÉPHALE.

Quoi, plus d'espoir !

LES DÉMONS.

Non, plus d'espoir.

(Une symphonie céleste se fait entendre ; les Démons épouvantés disparoissent. Le théâtre change & représente le palais de l'Amour. Procris vient tomber dans les bras de Céphale, & se ranime insensiblement.)

SCÈNE DERNIÈRE.

CÉPHALE, PROCRIS, L'AMOUR,
& *sa suite.*

L'AMOUR.

BElle Procris ; revois le jour ;
Sois un exemple mémorable
De la puissance de l'Amour.

PROCRIS, *à* CÉPHALE.

Je te revois !

CÉPHALE, *à* PROCRIS.

Tu vois le jour !

ENSEMBLE.

Dieu puissant ! Prodige adorable !
C'est le triomphe de l'Amour.

LE CHŒUR, *avec eux.*

C'est le triomphe de l'Amour.

(On danse.)

L'AMOUR.

A I R.

Plus d'ennemis dans mon Empire.
Que Diane cede à son tour ;
Et qu'à son tour elle soupire ,
Dans les chaînes de l'Amour.

(Dans ce moment, paroît DIANE irritée contre l'AMOUR, qui lui dérobe sa vengeance ; & , le javelot à la main, elle veut elle-même s'élancer sur PROCRIS. L'AMOUR l'arrête & la menace. Survient l'AURORE, à qui elle veut inspirer le ressentiment qui l'anime. L'AURORE plus douce, l'invite à pardonner comme elle ; & lui montre dans le jeune HESPER le vainqueur que l'AMOUR lui donne. HESPER est le dieu qui préside à l'étoile du matin. Il se joint à l'AURORE pour appaiser DIANE ; mais DIANE plus indignée , se précipite à-travers la foule des Plaisirs, qui veulent en vain la retenir. Comme elle va frapper CÉPHALE, qui défend PROCRIS , & qui se présente à ses coups, l'AMOUR la désarme & la blesse. DIANE tombe dans les bras de l'AURORE , & à l'instant même elle voit ENDIMION à ses genoux. Elle résiste & se défend ; mais elle est réduite à se rendre, & ces deux)couples , l'AURORE , HESPER ,

DIANE, ENDIMION, enchaînés par les Plai-
firs, viennent tomber aux piés de l'AMOUR.

CHŒUR dialogué, fur la Chaconne.

A tous les dieux
L'Amour commande.
Rien fous les cieux
Qui s'en défende.
Il eft partout victorieux.
Sur nous fans-cèffe il a les yeux.
Il ne délaîffe pas la foibleffe;
Un cœur qu'il bleffe;
Eft cher à fes yeux.
A fes coups
Abandonnés-vous, tous:
Il fera de vous,
En dépit des jaloux,
D'heureux époux.
Livrés-vous
Au dieu qui vous bleffe.
Suivés tous.
Un penchant fi doux.

A tous les dieux, *&c.*

Tendres cœurs, c'eft vous qu'il demande;
Et vos feux naiffants

De ses autels sont l'encens.
Il ne veut que vous pour offrande ;
Et tous vos desirs
Vont se changer en plaisirs.

A tous les dieux, &c.

(Le Ballet & le Chœur terminent le Spectacle.)

F I N.

A P P R O B A T I O N.

J'Ai lu, par ordre de Monseigneur le Garde des Sceaux, *CÉPHALE*, & *PROCRIS* ; & je n'y ai rien trouvé qui m'ait parut devoir en empêcher l'impression.

A Paris, ce 17 Mars 1775.

CRÉBILLON.